盛放的少年

THE RISING EASTAR-ER

北京东方启明星体育文化发展有限公司 编著

中国电力出版社
CHINA ELECTRIC POWER PRESS

盛放的少年
篮球成长日记
THE RISING EASTAR-ER

在中国，有这样一群孩子，他们酷爱篮球，无论刮风下雨，还是酷暑寒冬；无论未来荆棘密布，还是前方千难万阻，他们选择与篮球为伴，以梦为马，不负韶华。他们将童年当作五彩画笔，在少年时收获美妙的图画。

东方启明星篮球教育成立至今，覆盖了全国近百个城市，潜心研发适合中国青少年篮球发展的训练体系，围绕以育人为根本目的的教学理念，将礼仪文化、品格塑造融入课程中，从大众兴趣班选拔出对篮球技术进步有强烈需求的孩子，成立俱乐部精英班，经过严格、高强度、科学的训练，最终打造出 U8、U10、U12、U14 精英梯队。

2018 年，U12 精英梯队从北京赛区打到全国赛，一路披荆斩棘，加冕由联合国教科文组织的世界青少年运动联合会 U12 组别中国赛区总冠军，并代表中国远赴奥地利参加世界总决赛。先后双杀美国、击败奥地利等强队，但最终在决赛中负于捷克队，与冠军失之交臂。

2019 年，由于年龄限制，核心队员离队，从下一年龄梯队抽

调 5 名队员补充到队伍中，身高、力量存在明显的差距，但凭借着顽强的团队防守、流畅的进攻转换以及出色的远投能力，再次从中国总决赛 12 支球队脱颖而出，卫冕中国赛冠军。

青春无悔！

同样双杀美国、击败德国，昂首挺进决赛，在决赛中以 3 分之差负于卢森堡队。同样的剧情再次重演，孩子们在经历两次与冠军失之交臂后，抑制内心的伤感，相互拥抱鼓励，团结积极的队风获得了业内人士以及其他国家教练的认可，纷纷主动拥抱并安慰这帮小队员们。

本故事以东方启明星学员陈放为原型，以第一人称讲述其成长历程。有欢笑、有泪水、有满足、有失落，训练中的他勤奋、刻苦、聪明，比赛中的他勇敢、拼搏、机警，通过努力得到长足的进步。有过队友的鼓励，分享彼此的快乐；也有过家长的斥责，迷茫与无助。每个东方启明星的小球员都有独一无二的篮球故事，你的篮球故事又是怎样的呢？

目 录

1. 站上世界的舞台　P1

2. 我是教练员　P3

3. 初识篮球课　P8

4. 第一次考核 P12

5. 篮球伴我快乐成长 P15

6. 第一次比赛 P19

7. 学习篮球没有捷径 P24

8. 技术进步为导向 *P29*

9. 技术进步瓶颈期 *P35*

10. 新的起点、新的要求 *P37*

11. 盛放吧少年 *P41*

1. 站上世界的舞台

"China！

China！

China！"，震耳欲聋的欢呼声和尖叫声不禁让我狠狠地掐了自己一下，这不是梦，我和小伙伴们真的站在了世界青少年联合运动会UWG的领奖台上。

当国歌奏响，我和队友们身披五星红旗，激动地拥抱在一起，我的内心无比自豪。

我叫东方，今年11岁。

看着台下爸爸妈妈、叔叔阿姨们赞许的目光，耳边传来各个国家、不同肤色的小伙伴们的欢呼呐喊……三天四夜的比赛和训练，一幕幕珍贵的瞬间在脑海里浮现。

2. 我是教练员

七天前，我们在爸爸妈妈和教练的陪伴下，代表中国来到了有"中欧花园"之称的奥地利，与来自美国、德国等国家的32支参赛队伍共同训练和比赛。西班牙的菲德尔教练带领我们投篮；美国的杰克逊教练带领我们练习传球；喀麦隆的阿道夫教练带我们做了绳梯训练。

我们的教练刘锋指导带大家练习了半场突破和**无球掩护**。

已经在半年前就学习过这套技术的我们，任务是协助教练帮助其他国家的队员做好练习。如"一步急停后顺步突破衔接后拉变相突破，假投**拜佛上篮**"和"一步急停，假投刺探交叉步突破，运两次球后撤步跳投"技术的练习等。

我们模仿着刘指导的样子，不断重复着他的话，"注意重心控制""急停做好""抬头！假投时眼睛注视篮筐"。

训练结束后，各队的小伙伴纷纷向我们致意，感谢我们给他们带来的东方训练体系。我们也深深理解了教练平时对我们的严格要求，严厉的背后是他的那份良苦用心，这不禁让我回想起了刚刚学习篮球的那段时光。

篮球小技巧

无球掩护

上掩护，同侧高低位落位，低位队员为上线同伴做掩护，掩护后下顺或弹出接球，被掩护队员下顺切入至篮下。

下掩护，同侧高低位落位，高位队员为下线同伴做掩护，被掩护队员利用掩护上提至翼侧高位接球，掩护队员掩护后直接低位要球或上提至罚篮线位置策应。

拜佛上篮

在突破过程中，急停制动，后撤一步，突然将另外一手靠近球，摆出一副即刻投篮的假动作，根据防守人位置变化，选择同侧或变向后突破上篮。

扫描二维码观看视频

3. 初识篮球课

从上幼儿园起，我就不敢主动和老师、同学说话，那些游戏和玩具也提不起我的兴趣。老师偶尔的责备，同学不喜欢我播放的动画片，甚至是饭菜不合胃口，都常常让我大哭。

我的爸爸一直希望我能成为一个男子汉。每次我哭着跑向他，他会安慰我，然后拿出一个篮球塞到我手里，让我试着拍拍它，看它轻轻弹起，跑向四处，再用力一点，它会跑得更远，好像在跟我玩游戏，我的心情也神奇地平复下来。

爸爸说篮球虽然还不听我的话，但它是我的好朋友。

爸爸每次守在电视机前看 NBA 转播，都会把我叫到身边，一边给我讲着那些运动员的动作，一边跟我说："等你长大了，也要去打篮球！"

4岁那年，爸爸陪我第一次踏上篮球训练场地。教练蹲下来要跟我握手，我赶快躲到了爸爸身后，得知爸爸只能在场边看着我训练的时候，我害怕得哭了出来。

我拉着爸爸回到场边坐了许久，默默看着场上那些比我年长许多的大哥哥们酷炫的进球和开心的表情。我试着站起身，小心地拍了拍球。没想到教练走过来表扬我，我收起了眼泪，终于走上了球场。

之后的每节课，我逐渐尝试着从抱球接力跑到原地单手运球，从**三威胁**动作到一步急停，我认真地模仿着教练的动作，感觉篮球慢慢开始听我的话。每节课后回到家我都会和爸爸妈妈分享球场上有趣的故事。

教练会把我举得高高地将球灌进篮筐。

我们偷偷躲在拐角处吓唬教练。

我与队友一起合力将教练"扑倒"在地。

篮球小技巧

三威胁

面对防守队员有传球、投篮和运球三个威胁状态。两脚平行开立，略宽于肩，面对篮圈站立，屈膝降重心（90°~130°），重心置于两脚之间，双手持球于胸腹之间。

扫描二维码观看视频

4. 第一次考核

三个月后，小班的中期测试如期而至。经过一周既激动又紧张的等待，我忐忑地走到了场地中央，看着围坐在场边的小伙伴。

我最好的朋友小南向我挥挥手，大声喊道："加油！"其他队友也大声为我呐喊。我坚定地点点头回应他们。

转过身向国旗敬礼、向教练和家长鞠躬致敬。开始迎接我的第一次的篮球考试。

听着教练的口令完成每一个动作："底线集合""三威胁左右架技术""左右手运球后体前变向""绳梯脚步"。紧张的我拼命地在脑海里回忆平日训练时的技术要领。

"底线站好咯！训练得有规矩，站都站不好，怎么训练？"

"五指分开，球抱住！"

"重心控制住，非常棒，保持住！"

"左右还分不清呢？"

考核测试终于结束，接过教练手中的证书，我开心地拥抱了在场的每一个人，我和小南兴奋地拿着证书坐在一起交换欣赏着，晚上回家后还不忘向爷爷奶奶炫耀一番。

5. 篮球伴我快乐成长

之后的一年，我开始了真正的基本功学习。相继学习了的**"折线L形移动""地面球性练习""一步、两步慢停""基础传接球"**等技术动作。

在学传接球时，因为害怕被球砸到，畏手畏脚不敢接队友的传球，有一次更是戳到了手指。我看着肿起来的手指放声大哭，暗下决心"再也不去训练了！"可没过两天，看手指消肿了，想念队友，想念教练，想念篮球场上和小伙伴奔跑的欢乐时光，咬咬牙，还是又出现在了篮球场上。

教练告诉我："篮球是你的朋友，你需要很专注的对待这位朋友，听从教练告诉你的正确动作，它就不会'伤害'到你了。"

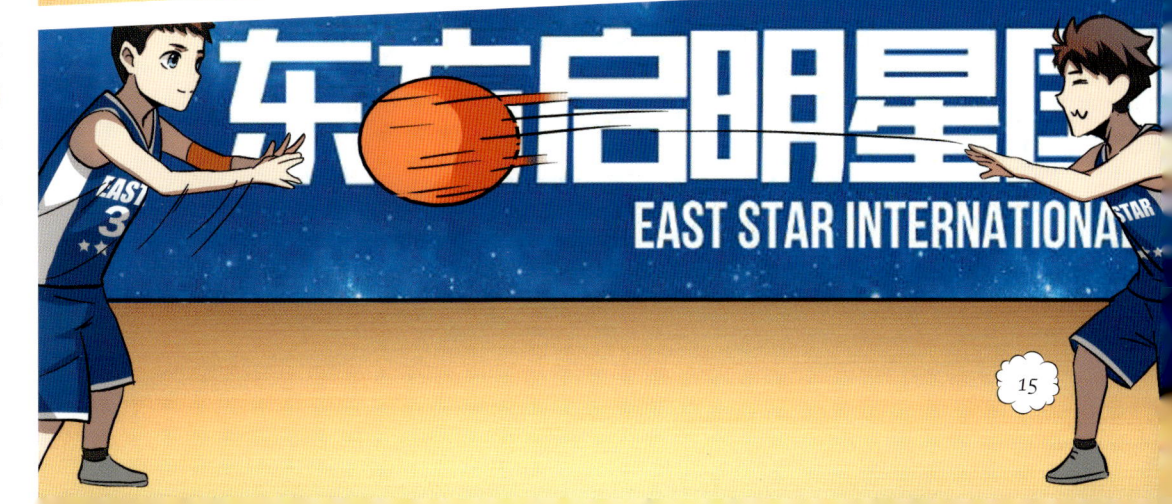

后续又练习了"跳格练习""**抛接球球性**""**小力量投篮法**"等。

我最喜欢的是投篮练习！每节课前都会和我的小伙伴们比赛看谁能把球投到"大篮筐"里，最有意思的就是看到两个球一起投进篮筐，然后我和小伙伴就会把其他的球都投到篮筐里堵塞住篮网，开心地告诉每个人，让他们来看我们的"杰作"。直到被教练"训斥"才会罢休。

经过一段时间的不断尝试，反复练习，我能熟练地运用基本的运、传、投技术，篮球课堂也成了我最向往的地方，每次看到爸爸妈妈为我的进步开心的样子，我就更加相信自己可以做得更好。

篮球小技巧

折线 L 形移动
队员高位落位，降重心向内切，卡位蹬地弹出要球。

地面球性练习
篮球的球性指的是手对球的感觉和熟练程度。地面球性主要是指针对小班学员采用坐姿时练习球性的训练方法，包括地滚球、坐地拍球等。

一步、两步慢停
慢停是相对急停而言，徒手练习的目的在于把握重心控制，在低重心情况下完成启动和制动。

基础传接球
指在篮球比赛中进攻队员之间有目的地支配球、转移球的方法。小班教学中主要掌握双手胸前传球。

抛接球球性
球性练习的一种，主要是以前后抛接、左右抛接、高低抛接等为主的训练形式。

小力量投篮法
屈膝呈90度，沉臀立腰含胸，将球置于腹部（偏投篮侧）。双腿全力蹬地，使之充分蹬伸，同时投篮臂向上伸出。本方法适用于4~8岁幼儿班及小班力量薄弱者；亦可使用小篮筐进行辅助练习，让该年龄段的孩子尽快学习和掌握本级别或更高一级别的投篮方法。

扫描二维码观看视频

6. 第一次比赛

就这样两年过去了，打篮球已经变成我喜欢的事情。

一天，教练告诉我，3个月后我要代表校区参加 ESBA 全国校区的联赛了。希望能够在比赛中取得优异表现的我，认真地练习着学习篮球至今每一阶段的训练内容：防守、四项基本运球……每天我都会在睡前再回忆一遍各项技术的要点。

比赛的日子终于到来了。我参加的是ESBA北京赛区最小年龄段U6组别的比赛,第一次见到那么多和我一样热爱篮球的小球员们。大家都摩拳擦掌,为即将开始的比赛兴奋不已。

我和小伙伴们一起参加开幕式，一起打比赛，一起领取证书……只记得那天我累极了，整整打了3场比赛，每场球都拼尽全力，在场上奋力拼抢每一个篮板，脑海里不断告诫自己在防守时注意力一定要集中，进攻时大胆尝试练习过的动作。

教练的教导至今犹在耳畔："你们还小，比赛胜负并不重要，只要你们能勇敢地去拼抢每一个球，只要你们能与队友分享每一份快乐，尊重场上的每一个人，包括裁判、对手、家长和工作人员，你们今天的比赛就没有白来。"

那天的比分我早已不记得了，只是后来妈妈手机里记录下了那个帅帅的我、竭尽全力的我、被撞倒后的我，还有那个赛后与队友开心拥抱在一起的我。

篮球小知识

ESBA

东方启明星篮球联赛发起于2011年，是全国规模最大的少儿联赛，联赛存在的目的在于帮助和提高中国中小学生的身体素质以及积极向上的竞争意识，并且通过这项赛事让学员们真正学会尊重、学会坚持、学会感恩、学会合作。

扫描二维码观看视频

7. 学习篮球没有捷径

7岁的我，自以为已经"熟练"地掌握了小班的各项技术，经过一系列的考核，成功进入了中班。新的训练内容让我着迷，每天都沉浸在"组合运球""球性""上篮"这些训练内容中。

每当教练带领我们复习小班的训练内容时，我就假装肚子疼去旁边休息，看我的小伙伴们练习，等到教练教新内容时才上场。

"机智"的我认真地学、认真地练，可是，到了中班考核测试的那天，和我一同进入中班的几个小伙伴都通过了考核，我却没有通过，看着小伙伴领取证书，满心酸楚与不甘的我却只能再一次用泪水来表达我的难过。

为什么你不自己去问问教练呢？男子汉应该有勇气面对自己的不足！

我着急地向爸爸求助，希望他能向教练求求情，可爸爸却说："为什么你不自己去问问教练呢？男子汉应该有勇气面对自己的不足。"我怯怯地走到教练面前。

教练，我每天都在认真练习着您教的动作，为什么我却没有晋升呢？

学习篮球没有捷径，每一个过程都十分重要，在学习新的技术时，需要不断巩固之前的训练内容。

其他小伙伴练习小班内容时，你在干什么呢？每节课都会有选择地偷懒，不是吗？

可是，我都已经上中班了，为什么还要练习小班的内容呢？

篮球没有捷径，每一个过程都十分重要，在学习新的技术时，需要不断巩固之前的训练内容。

基础的练习做不好，会逐渐生疏，新的技术也没办法完全掌握，慢慢就会被队友越落越远。

学篮球一定要脚踏实地，反复打磨各项技术，琢磨每个技术要点，而且随着身体慢慢变得强壮，对同一个技术的要求也会逐渐提高，基础练习一定要认真去做才行。

好的，教练，我明白了。

离开训练场的我哭了好久，这是我为自己的小聪明付出的代价。我暗下决心，一定要尽快通过中班的考核。

8. 技术进步为导向

为了能更快地赶上小伙伴们的脚步，每堂课我都让爸爸提前半小时把我送到篮球场，除了自己练习之前学的内容，我也会主动找教练指导，帮助我改进动作，经过四个月不懈地努力，我终于通过中班考核测试了！

在新的阶段，我开始接触"双球练习""**交叉步突破**"和"**反跑练习**"，同时，我也见识到了更多的训练方法，可一开始怎么也做不好。运球丢球、防守重心高、持球突破走步、反跑跟队友没有默契。

但教练说过，练习篮球没有捷径，唯有更认真刻苦地训练。在教练的帮助下，我逐渐找到进步的方向，并在后来的 **CAAU** 联赛中找到了自信。

那是我第一次打有外部学员参加的比赛，连着几个周末爸爸都会送我去参加比赛。随着小组赛一场接一场的进行，我能够更加自如地运用平时所学的技术。

记忆最深的是小组赛阶段最后一场，我们富力天龙队对阵体大小虎队。输掉比赛的队伍将进入淘汰赛的败者组，大家都鼓足了劲，迎接这场必争之战。

比赛开始阶段，体大小虎队凭借内线优势，篮下强攻，抢得前场篮板后二次进攻，建立起微弱优势，而我们也毫不示弱，通过快速反击、连续突破分球紧咬比分。

激烈的比赛一直持续到第四节最后时刻，体大小虎队连续冲抢前场篮板，造成我们对员犯规，两罚命中，我们落后1分。

教练布置完战术后，我的队友投篮未能命中，好在我们抢到前场篮板，球传到我的手里，我瞄准篮筐出手，球空刷进网，那是我人生中第一次"准绝杀"！

"好球！""传得漂亮！""加油，再进一个！""防得好！"……每当我在球场上有闪光点时，场边的教练、队友、家长都会这样鼓励我，我的内心充满了能量。篮球真是一项美好的运动！

篮球小技巧

交叉步突破

用假动作（假投、假传、假突）吸引对手，用移动脚前掌内侧蹬地，向异前侧跨出稍大一步，同时中枢脚碾地蹬转，上体前倾并转体探肩；第一步落地后，膝关节要保持弯曲，脚尖指向突破方向，争取第一步就接近甚至超越对手。跨出第一步同时，双手持球沿"小V"轨迹，同突破方向手低放球，非放球手护球，第二步迅速蹬地起步上篮。

反跑练习

篮球赛中所谓的反跑，通常指无球队员在被盯防的情况下，突然反向跑动以摆脱对方的行动。一般是在面对对方正面防守或绕前防守时采用。

CAAU

全国青少年业余篮球联赛创建于2012年，面向全国8~19岁青少年，为他们提供专业、标准化的无门槛篮球比赛。

扫描二维码观看视频

9. 技术进步瓶颈期

每场比赛都有进步的我，却在淘汰赛阶段表现失常了，传球失误、投篮不中、防守失位、突破被断，更糟糕的是这种状态一直持续了近 2 个月。迷茫贯穿着我的整个比赛周期，赛场上被教练批评，赛场外被爸爸责罚，委屈、焦虑、疑惑伴随着我，努力训练的我却不会比赛了……对于 9 岁的我来说，篮球这项运动突然变得好陌生。

你进入了技术瓶颈期，平常练习的技术用不出来或者训练的时机不对，对于你来说，很正常。

如何调整，尽快度过这一段时期，能进到一个更高的水平。

虽然表现不佳，但每场比赛后教练还是会安慰我。

对你而言，现在影响比赛表现的因素很多。

比如，个人技术是否成熟、机会选择是否恰当、临场应变是否从容、心理抗压是否过关等。

比赛时你在进攻端表现出的犹豫不决恰恰是你平时学到了足够多的进攻方式。这些需要通过比赛来自我总结，获取经验，找到最恰当的那一种才行。

这些话让我恍然大悟，我告诫自己要在不断总结和反思中前行。

10. 新的起点、新的要求

我在中班训练的每个阶段都让我对篮球这项运动有了新的理解和认识，要养成"防守无球人要用**长短臂**"的习惯、突破后要熟练运用"**急停投篮**"，要学会找机会运用"**身前身后空切**"。

还有练习"**防守抢打断球**""组合滑步""**折线障碍体系**"以及"半场个人进攻体系",每到寒暑假,爸妈会把我送到篮球夏令营。这些封闭式的训练环境让我能更加专注地琢磨每天所学所练,每天都和队友一起生活、学习、训练,我的自理能力和团队协作能力大大提高。

每进入一个新的班型，要求都会不一样，内容也会有递进，感觉自己学到的技术也越来越多，我的内心无比激动和充实。教练会结合我和小伙伴们的身体与心理成长特点，为我们量身打造一套科学的训练方法。我也会按照教练的要求奋发前行，全力以赴，在比赛中检验自己的训练水平，找到不足，成就更好的自己。

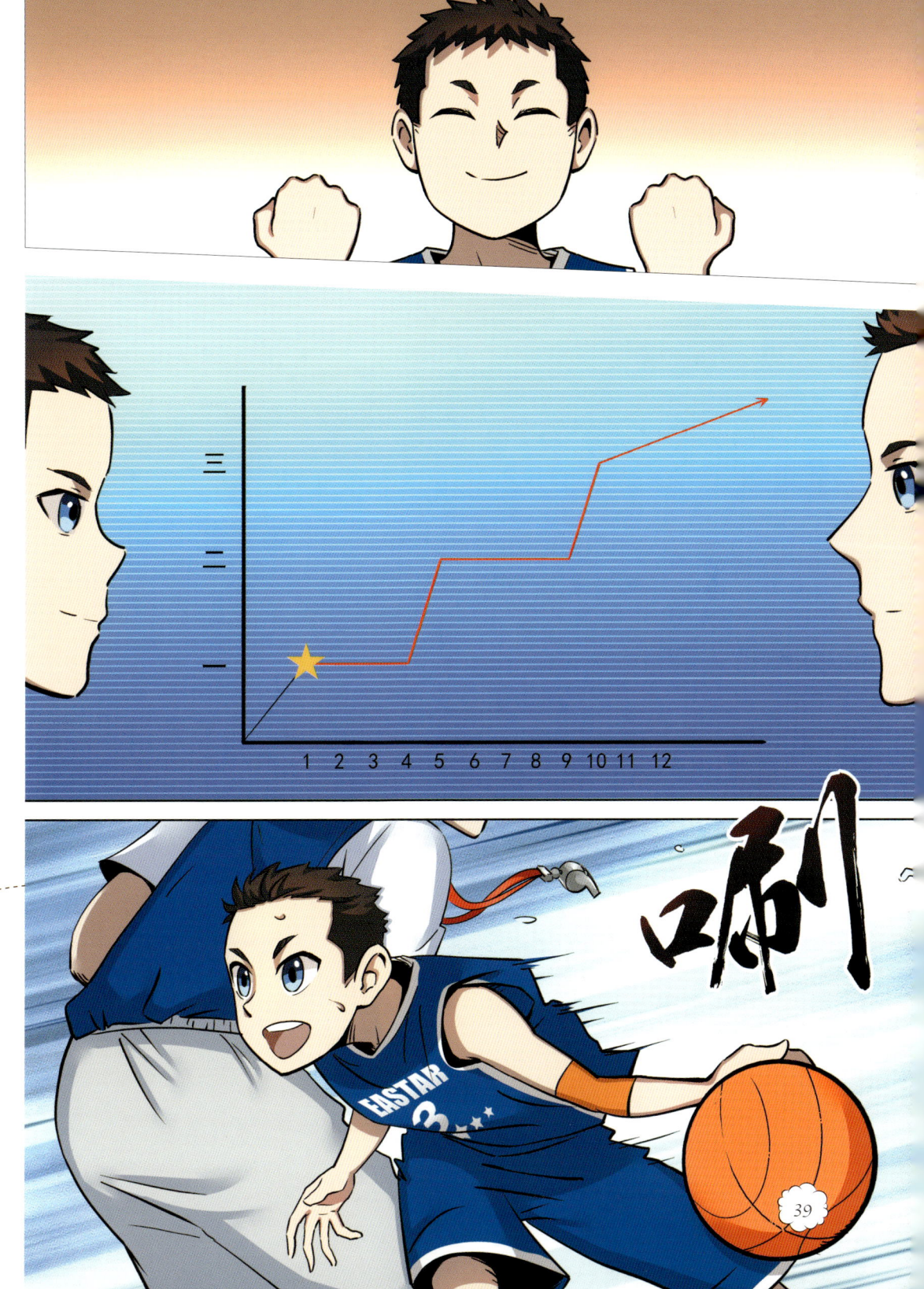

篮球小技巧

长短臂

两脚前后开立，限制进攻队员移动，为强侧无球防守基本姿势，长臂控制传接球球线，掌心朝向传球队员，大拇指朝下；短臂屈臂，防止对手空切反跑。

身前身后空切

无球队员异侧虚晃反向摆脱，向篮下切入。目的是摆脱防守队员，到空位或篮下得球，投篮或进行攻击配合。无球队员从空位跑动切入，此时只要球到、人到，就很可能有直接轻松得分的机会。

防守抢打断球

抢防守基本动作，分为上切球、下切球和侧切球，要注意先选位，确定距离，将手埋伏好，沿持球队员小臂方向切球。

折线障碍体系

合理选取障碍物距离，以基础运球为主，重点强调重心控制。

扫描二维码观看视频

11. 盛放吧少年

今年我 11 岁了，已经完成了大班全部内容的学习，包括个人攻守体系和四项基础战术配合。我和小伙伴们一起成长进步，共同经历这些磨练。我们一同参加比赛，从顺义打到通州，从北京打到上海，从中国打向世界。我们学着如何在规则中去赢，并享受努力带来的成果；也学着怎样有尊严的面对失败，汲取经验，为了下一次的盛放。

这就是我的篮球故事，我长大了，学会通过篮球释放压力，找方法解决问题，慢慢的，我开始发现，学习、生活就像攻防两端的战术变化一样，找到方法，迎难而上，没有攻克不了的困难。

篮球伴我度过了快乐的童年，它让我结识到更多朋友，更让我明白无论做什么事情都需要保持专注，并一直坚持下去。我不再爱哭，因为我知道我的队友、教练、爸爸妈妈，都始终与我站在一起，共同成长。

2018年度世界青少年运动会（UWG）东方启明星出征奥地利　主教程：刘锋　助理教练：梅珂

胡小北 胡小南 许皓然 武冠男 李文卿 陈王图南 吴冠辰 陈力维 韩冠博 帅诏鸣 陈放（队员介绍从左到右）

2018年3月26日，北京赛区排位赛，孩子们6胜1负排在首位；4月1日北京赛区决赛，以全胜战绩获赛区冠军；5月2日全国总决赛，全队齐心协力，夺全国冠军，其中韩冠博三分16投10中，总共拿下38分。6月25日奥地利特拉根福，孩子们代表中国队先后战胜美国、卢森堡等强队，决赛惜败于捷克队，获得世界亚军，虽败犹荣，赛后获得各队的鼓励与支持。

2019年度世界青少年运动会（UWG）东方启明星出征奥地利　主教程：刘锋　助理教练：梅珂

胡小北 陈放 帅诏鸣 兰天翼 郑轩 李文卿 胡新禹 陈力维 林博宇 韩冠博 胡小南 欧阳骞（队员介绍从左到右）

2019年4月7日，孩子们斩获北京赛区冠军；5月4日天津全国总决赛，凭借近乎完美的全队联动，成功卫冕。5月集训主攻夹击、协防的综合战术。6月26日奥地利特拉根福预赛、半决赛双杀美国，决赛负于卢林堡，获得世界亚军。值得一提的是，2018年曾遗憾落选的胡新禹，经过一年的努力，成长为本次出征的主力队员。青春终究无悔，但青春还是留下点悬念吧，这也许就是青春……

北京东方启明星体育文化发展有限公司成立于2009年，是集青少儿篮球培训、赛事运营、营地教育、教练员培训、球员经济、体育留学、商学院、运动装备于一体的篮球教育综合服务提供商。10年积淀，覆盖全国近百座城市，拥有近600家校区，教练逾5000名，服务学员超过30万人，目前在册学员超过7万。践行"让体育教育走进每一个家庭"的企业愿景，秉承以尝试、鼓励为原则，以技术进步为导向，以育人为根本目的的教学理念，利用标准化的课程高效提高学员技术水平。

内 容 提 要

本书根据东方启明星 U12 篮球精英梯队征战世界青少年运动联合会并获得亚军的经历，详细讲解了其成长之路，囊括了队员平时训练与比赛中的方方面面，如技战术训练、品格塑造、比赛感悟等。此外，东方启明星还录制了十多个小视频用于讲解篮球常用技战术训练的要点，读者用手机扫二维码即可观看。

本书图文并茂，非常适合青少年阅读，提升其对篮球的感悟，并可跟随小视频进行篮球基本功训练。

图书在版编目（CIP）数据

盛放的少年 / 北京东方启明星体育文化发展有限公司编著. —北京：中国电力出版社，2020.1
ISBN 978-7-5198-4051-8

Ⅰ. ①盛⋯ Ⅱ. ①北⋯ Ⅲ. ①篮球运动－青少年读物 Ⅳ. ① G841-49

中国版本图书馆 CIP 数据核字（2019）第 259889 号

出版发行：中国电力出版社
地　　址：北京市东城区北京站西街 19 号（邮政编码 100005）
网　　址：http://www.cepp.sgcc.com.cn
策划编辑：王袆
责任编辑：马首鳌（010-63412396）
责任校对：黄蓓　于维
责任印制：杨晓东

印　　刷：三河市万龙印装有限公司
版　　次：2020 年 1 月第一版
印　　次：2020 年 1 月北京第一次印刷
开　　本：787mm×1092mm　12 开本
印　　张：4.5
字　　数：66 千字
定　　价：32.00 元

版 权 专 有　侵 权 必 究

本书如有印装质量问题，我社营销中心负责退换